CAMPAGNE DES CENT-JOURS

COMBAT

DE

RODEMACK

SOUVENIR PATRIOTIQUE AUX DÉFENSEURS DE CE FORT

PAR

leur commandant d'armes, P. E. PRUGNEAUX,

Notice Historique

CINQUIÈME ÉDITION

TOUL — IMPRIMERIE DE A. BASTIEN, RUE DU SALVATEUR, 12

1863

CAMPAGNE DES CENT-JOURS

COMBAT DE RODEMACK

TOUL. — Imp. de A. BASTIEN.

CAMPAGNE DES CENT-JOURS

COMBAT DE RODEMACK

SOUVENIR PATRIOTIQUE AUX DÉFENSEURS DE CE FORT

NOTICE HISTORIQUE

PREMIÈRE PARTIE

Topographie des lieux et détails sur le Combat.

Le bourg de Rodemack est situé à quinze kilomètres en avant de Thionville, du côté et près de la frontière, vis-à-vis la forteresse de Luxembourg. Il est donc vedette, sentinelle avancée sur ce point important du territoire français.

Le fort de Rodemack, dont l'origine remonte au moyen-âge, est bâti sur un terrain escarpé et inaccessible dans toute sa partie orientale, au pied de laquelle se trouve la localité de ce nom, qui est entourée d'une simple muraille sans terrassement. L'autre partie est protégée par des remparts, ayant une seule issue débouchant à niveau sur une vaste plaine, et une poterne livrant passage aux piétons vers le bourg. A gauche de cette plaine se trouve un vallon au fond duquel on a pratiqué une chaussée aboutissant à la route de Luxembourg à Thionville. Une des deux portes de Rodemack, celle dite de

Thionville, défend l'entrée du bourg de ce côté. La configuration du château de Rodemack est en raccourci la même que celle de la forteresse de Luxembourg. Une épaisse forêt relie ce château à la place de Thionville.

A l'époque des Cent-Jours, les gardes-nationaux des départements de la Meurthe, de la Moselle et des Vosges, mobilisés aux termes du décret impérial du 10 avril 1815, furent exclusivement chargés, au nombre d'environ douze mille, de la défense de Thionville.

La troupe à peine réunie, vers le 15 mai, le général Hugo, gouverneur de la place, déclara l'état de siége, et jugea à propos, peu de temps après, d'occuper le fort de Rodemack, et d'appeler l'auteur de la présente notice aux fonctions de Commandant d'armes de ce fort, fonctions qu'il dut cumuler avec celles de Commissaire impérial près le conseil de guerre permanent qui lui avaient été déférées lors de la récente formation de ce conseil.

La petite garnison de ce même fort se composait de trois compagnies de gardes-nationaux fortes ensemble de trois cent cinquante hommes et de cent douaniers. Deux de ces compagnies faisaient partie du 4e bataillon de la Meurthe, organisé à Toul, et la troisième appartenait au département de la Moselle.

Cette troupe, à la vérité, avait en main de bonnes armes, mais elle n'était protégée que par des parapets en ruines et par deux pièces d'artillerie dont l'une, dite de marine, d'un fort calibre, reposait sur un affût à demeure fixe et ne pouvait envoyer son feu que dans une seule direction ; seulement, à l'aide d'un coin, il était possible d'en rapprocher ou d'en éloigner la portée.

Fière de la mission importante qui lui était confiée et se trouvant ainsi assimilée à l'armée régulière, la garnison fut solennellement installée par M. le comte de Varda, ancien colonel du 96e régiment de ligne, gouverneur du fort, ayant sous ses ordres M. Martin, chef de bataillon d'infanterie, officier de place chargé de la direction du service.

Le général Hugo, en donnant à l'historien de cette notice le commandement de la troupe destinée à occuper Rodemack, cette sentinelle perdue de la place de Thionville, ne lui dissimula pas que ce petit poste militaire ne manquerait probablement pas d'être bientôt inquiété. Aussi ses instructions prescrivaient-elles de faire bonne garde dans le fort, d'étendre des investigations bien soutenues vers la forteresse de Luxembourg, par laquelle l'ennemi devait nécessairement déboucher, et de lui donner aussitôt avis des informations qui pourraient être recueillies. Il lui apprit que son logement était préparé chez M. Emeringer, adjoint au maire du bourg; qu'il fallait avoir la plus grande confiance dans l'intelligence et le dévoûment de ce fonctionnaire, et que son concours serait d'une grande utilité dans la recherche des renseignements qu'il s'agissait d'obtenir. Pour rendre témoignage à la vérité et à la mémoire de ce courageux citoyen, il est juste de dire ici qu'il a su réaliser toutes les prévisions du général.

Le 23 juin, veille du combat, l'ennemi, à notre insu, était en marche sur Rodemack. La petite garnison du poste, dans sa quiétude ordinaire, sous ses blouses gauloises décorées des couleurs nationales, se plaisait, comme de coutume, à écouter les récits fastueux des anciens soldats en assez grand nombre au milieu d'elle, et se promettait d'en profiter.

C'est dans cet état de calme et d'insouciance militaire, que ce même jour, 23 juin, quelques instants après le coucher du soleil, une estafette, allant à toute bride, apparut à l'horizon et se présenta bientôt, réclamant à haute voix le gouverneur et le commandant d'armes de la place.

Ce dernier, après avoir lu la dépêche laconique qu'il recevait, ne crut pouvoir mieux faire, attendu l'urgence commandée par la brièveté du temps, que d'en donner immédiatement lecture à la troupe dans quelques secondes groupée autour de lui. Cette lecture terminée, un cri formidable de « *Vive l'Empereur!* » éclata dans l'air, et retentit assez loin pour que la garnison de Sierck, (1) également composée de gardes nationaux, inspirée du même sentiment, acclamât, par voie d'imitation électrique, le patriotique salut : *Vive l'Empereur !*

La dépêche qui venait d'être reçue, écrite de la main du général Hugo, était conçue dans les termes suivants :

« Attendez-vous à être attaqué cette nuit : que chacun con-
» naisse le poste qu'il doit occuper, et que la surveillance la
» plus exacte ait lieu partout. Faites bonne contenance, J'ARRI-
» RERAI A TEMPS POUR VOUS SECOURIR. »

Le 24 juin 1815, à trois heures du matin, le fortin de Rodemack, défendu seulement par cette poignée d'hommes, fut en effet attaqué par un corps d'armée prussien sorti de Luxembourg, fort de huit à dix mille combattans flanqués de dix pièces d'artillerie, de cavalerie, etc.

L'ennemi se range en bataille, à cent mètres environ, devant le front de la place. Un combat acharné s'engage aussitôt et dure pendant quatre heures.

Les assaillants opèrent diverses manœuvres ayant pour but l'escalade. Trois fois le feu bien nourri de la garnison les force à rétrograder. Une vingtaine de sapeurs, appuyés par un corps considérable d'infanterie, et protégés par un pli du terrain, débouchent à l'improviste du côté de la porte de Thionville. Ils font

(1) Le fort de Sierck, bâti sur un point culminant qui domine toute la contrée, est éloigné du Rodemack, à vol d'oiseau, de moins de cinq kilomètres.

de suprêmes efforts pour enfoncer cette porte qui les arrête. Peines inutiles! Un feu très-vif et sortant de la partie méridionale du fort, une grêle de grenades à la main, qui en tombe, éloignent l'ennemi: aussi découragé qu'étonné, il n'ose plus tenter de revenir à la charge sur ce point. Dès le commencement de l'action, une pièce d'artillerie ennemie est évidemment pointée sur le pont-levis à bascule, seule voie par laquelle il soit possible d'entrer de plain-pied dans le fort. Une des chaînes de ce pont est rompue par un boulet (1), l'autre n'est point atteinte; véritable ancre de salut, elle maintient heureusement l'équilibre de notre providentielle barrière.

Nos deux pièces d'artillerie fonctionnent à merveille, bien que celle dite de marine ne puisse balayer la plaine que dans une seule direction, que ces pièces soient distantes l'une de l'autre d'environ cent mètres, qu'il faille monter une vingtaine de marches pour arriver à l'une d'elles, et qu'elles soient dirigées et manœuvrées par un seul homme, le sieur Martin, du village de Moutrot, ancien sous-officier d'artillerie. Pendant que les deux pièces du fort, établies comme nous avons dit, envoient la mort dans les rangs ennemis du côté où elles portent, du côté opposé, un corps d'infanterie prussienne pénètre dans le bourg, dont

(1) Le sieur Beaujendre, garde national de Moutrot, chargé d'opérer un travail de charpente en contre-bas de ce pont-levis, afin d'en éviter la chute dans le cas probable de la rupture de la seconde chaîne, brava mille dangers pour s'acquitter de cette tâche périlleuse. Rentré dans ses foyers, cet octogénaire reprit la charrue et, quelques années après, la corne d'un bœuf lui enleva un œil. On se demande aujourd'hui pourquoi ce même Beaujendre et tous ceux qui ont donné des preuves d'un pareil courage ne sont pas assimilés, quant aux droits, aux vieux militaires de la République et de l'Empire.

La mention de ce fait réclamée au nom des survivants de Rodemack, offrirait l'avantage de rappeler à l'étranger, une fois de plus, ce que peuvent les enfants de la France, alors même que la veille du combat ils étaient encore occupés à la culture de leurs champs.

les issues par lesquelles la garnison aurait pu s'échapper, sont immédiatement fermées et gardées par plusieurs escadrons de cavalerie. Une fusillade très-vive est dirigée vers le fort par une partie de l'infanterie des assaillants, tandis que l'autre partie se répand dans les maisons pour s'y livrer au pillage et à tout ce qui s'en suit. Cette fusillade, fort peu dangereuse pour les assiégés qui la reçoivent de bas en haut, ne fait que les animer davantage et les provoquer à de terribles représailles : retranchés derrière leurs murailles, ils ne paraissent aux ouvertures qu'à bon escient, et à la façon de nos zouaves de Sébastopol, ils envoient leurs balles de haut en bas, au grand détriment de leurs imprudents agresseurs.

Ce fut pendant une station de quelques heures dans Rodemack, que ces étrangers proclamèrent le résultat de la journée de Waterloo, encore ignoré par les Français du fort ; qu'ils répandirent, entr'autres bruits sinistres et alarmants, que des généraux avaient trahi, que l'ennemi était sous les murs de Paris, et enfin annoncèrent qu'ils reparaîtraient le lendemain, pour en finir, ajoutant que la garnison, ne faisant pas partie de l'armée, serait impitoyablement passée par les armes. Et là se bornèrent les exploits guerriers de ces braves prussiens dans le bourg où ils étaient entrés, à moins qu'ils n'entendent inscrire dans leurs annales militaires l'enlèvement du drapeau français flottant sur le clocher de l'église.

Un ordre supérieur fit bientôt réunir toute la troupe ennemie, qui se retira sans plus rien tenter contre un poste si vaillamment défendu, si heureusement conservé. Les caissons qu'elle avait amenés pour charger un butin sur lequel elle comptait, ne lui servirent qu'à transporter ses blessés et ses morts. Encore en laissa-t-elle plusieurs que nous relevâmes nous-mêmes, pour leur donner soit des secours, soit une honorable sépulture.

C'est à l'intelligence et à la prodigieuse activité du sous-officier Martin qu'il convient d'attribuer en partie le succès de cette journée. Toutefois, et pour rendre hommage au mérite de chacun, nous ajouterons qu'il rencontra un auxiliaire non moins brave que lui dans la personne de l'artilleur Pettinger, garde national de la Moselle.

On pourrait citer les noms d'un certain nombre de gardes nationaux qui, par leur adresse au tir du nouveau genre auquel ils se livraient, et par leur imperturbable sang-froid, ont bien certainement mis hors de combat beaucoup plus de prussiens que ne le disent les rapports officiels.

Le capitaine Tailleur, de Thionville, doit être principalement cité parmi tous ceux qui se sont fait remarquer; il a blessé grièvement un des généraux qui commandaient l'armée ennemie. On rapporte, en outre, que son adresse à la chasse étant connue des habitants du pays, plusieurs gardes nationaux étaient constamment occupés à lui charger les armes avec lesquelles il abattit un grand nombre d'assaillants (1).

Le caporal Prugneaux, frère du commandant d'armes, surnommé bientôt « le bourreau des officiers prussiens » bon chasseur aussi, dès le début du feu, fixe sur son œil gauche, pour être plus sûr de ses coups, un bandeau qu'il conserve tant que dure le combat : il fait de son arme un emploi fabuleux : chaque fois que la fumée de la poudre s'élève au-dessus des rangs ennemis, malheur à qui porte sur son uniforme un signe distinctif; il est signalé aux voisins du caporal, et cesse à l'instant de compter au nombre des assaillants. Pendant le combat, un officier lui présente un flacon : à peine

(1) Lettre de M. Nilès, maire de Rodemack, en date du 16 juillet 1858. Une autre lettre de M. Péan, maire de Thionville, affirme également le même fait.

l'a-t-il porté à ses lèvres, qu'un boulet atteint un arbre au pied duquel il s'était arrêté, et en jette la tige au loin. L'intrépide soldat dit en remettant le flacon : « Le butor ! il pensait m'empêcher de boire. »

Un des généraux commandant le siége est grièvement blessé : son cheval, avec l'instinct qui distingue son espèce, une fois libre, au lieu de rester avec ses protecteurs naturels, s'enfuit, s'appuie au pied des remparts et devient bientôt le trophée vivant des défenseurs du fort. Enfin, l'ennemi renonce à ses attaques, et ne craignant pas d'être inquiété par les assiégés se retire en bon ordre, sans emporter les munitions de guerre ni le matériel dont il espérait s'emparer.

Si peut-être l'ennemi eût remarqué, pendant les quatre heures de l'action, que son feu était trop rapproché du front de la place, que la déclivité du sol lui était défavorable, que ses nombreux projectiles se perdaient dans l'espace, nos quatre cent cinquante braves, luttant contre dix mille, et n'ayant eu que dix blessés et un seul mort, étaient sans doute promptement mis hors de combat et le fort emporté.

Une autre circonstance révèle encore l'impéritie des assaillans : on sait que la pièce de marine ne pouvait envoyer son feu que dans une seule direction ; le chef du corps placé en face de cette pièce, faisant, suivant les phases du combat, avancer ou reculer sa troupe, toujours en resserrant les rangs, n'a pas deviné que les soldats qu'il plaçait dans cette ligne meurtrière disparaissaient aussitôt.

A quoi tiennent souvent les chances de la guerre !

Quelques jours après, la petite garnison de Rodemack fut rappelée à Thionville, où le cheval du général ennemi joua, on le pense bien, un grand rôle dans les ovations qui nous furent faites par la troupe et la population tout entière.

Une correspondance active et des pourparlers eurent bientôt lieu entre les généraux ennemis et le général Hugo, ancien aide-de-camp du roi Joseph, remarquable par ses ouvrages sur la défense des places. (1) Ce général aimait à rappeler le fait d'armes de Rodemack et l'impression qu'il avait produite sur les étrangers.

C'est à cette impression du moment qu'il faut nécessairement attribuer le fait important qui suit et qui est parvenu à notre connaissance : c'est que les traités internationaux survenus après la désastreuse campagne de 1815, avaient mis le fort de Rodemack sur la même ligne que celui de Huningue, c'est-à-dire, que ces traités avaient stipulé que l'un et l'autre seraient démolis.

Depuis l'époque lointaine des Cent-Jours, le récit du combat de Rodemack, ce Mazagran de 1815, a bien souvent retenti dans l'ancienne Lorraine, principalement chez les habitants des campagnes, tant glorifiés par les proclamations de Napoléon Ier, à cause du courage dont ils ont fait preuve dans les invasions de 1814 et 1815. Lors de la distribution des médailles commémoratives de Sainte-Hélène, les survivants de la garnison de Rodemack appelés des campagnes voisines à Toul, pour recevoir ces médailles, y ont produit, malgré leur petit nombre, une très-vive sensation, par le récit fait, à leur manière simple mais énergique, de leur triomphe sur un corps d'armée aussi considérable. Même sous la Restauration, ce souvenir a été ravivé par les journaux et les annuaires de l'Est de la France.

(1) Le général Hugo, d'origine lorraine, né à Nancy, le 15 novembre 1763, est mort à Paris, à l'âge de 55 ans, dans la nuit du 29 au 30 janvier 1828. Il a eu deux fils : Abel et Victor. Le premier, décédé à Paris, il y a quelques années, a laissé plusieurs ouvrages sur l'art militaire et sur l'économie sociale. Le second, ancien pair de France, est trop connu pour que nous en parlions ici.

Toujours, en Lorraine, le combat de Rodemack a été rangé en première ligne parmi ceux qui ont particulièrement fixé l'attention publique.

Dans une lettre à l'auteur de la présente notice, lettre en date de Paris, du 4 mars 1861 et transmise par estafette, M. le Maréchal Ministre de la guerre qualifie de MÉMORABLE FAIT D'ARMES, ce qui vient d'être raconté.

SECONDE PARTIE.

PIÈCES JUSTIFICATIVES.

La seconde partie de la Notice sur le combat de Rodemack est principalement consacrée à la reproduction de quelques pièces justificatives. Elle donnera ensuite quelques renseignements sur ce qui se passait dans la place de Thionville, le 25 juin 1815, et sur l'esprit public de la Lorraine à l'époque des Cent-jours. Elle sera en outre suivie de quelques détails sur la mort violente du prince de Wagram.

Les pièces justificatives émanent :

1° Des archives historiques du Ministère de la guerre ;

2° De la mairie du bourg de Rodemack et du secrétariat de M. le comte de Varda, gouverneur du fort.

3° De la Statistique historique du département de la Moselle.

4° De la Préfecture du département de la Moselle.

N° 1.

Archives historiques du Ministère de la guerre.

EXTRAIT DES RAPPORTS DES GÉNÉRAUX HUGO ET BELLIARD, GOUVERNEURS DES PLACES DE THIONVILLE ET DE METZ.

Thionville, 24 *juin* 1815.

.... Rodemack a été attaqué ce matin par environ trois mille hommes, quatre pièces de canon et deux obusiers. La garnison, composée de gardes nationales de la Moselle et de la Meurthe, s'est très-bien défendue. Le feu, d'abord très-vif, s'est ralenti jusque vers six heure et demie, qu'il a entièrement cessé. Deux cent cinquante coups de canon ont été tirés de part et d'autre. Notre perte est d'un sergent tué et deux hommes blessés. Celle de l'ennemi peut s'élever à une cinquantaine de tués ou blessés. Huit de ces derniers sont restés en notre pouvoir. Signé : HUGO.

Thionville, 25 *juin* 1815.

.... Selon les Prussiens, leur perte devant Rodemack s'élève à deux cent cinquante hommes ; selon les paysans, à cinq cents.

J'ai envoyé une compagnie de plus à ce poste. Signé : HUGO.

Metz, 5 *août* 1815.

Vers la fin de juillet, Rodemack fut de nouveau bloqué par les troupes prussiennes, qui tentèrent sur ce poste une nouvelle attaque également repoussée.

.... Votre excellence verra, par le rapport du général Hugo, que le siége de Rodemack est levé. La garnison de ce petit fort a fait merveille pour la seconde fois, et j'ai l'honneur de prier votre Excellence DE DEMANDER LES BONTÉS DU ROI POUR ELLE. (1)

Signé : BELLIARD.

(1) Nous devons ces documents à notre neveu, M. Léopold de Laville, sous-chef d'état-major de la division de l'armée de Paris, commandée par le général Saint-Arnaud, ministre de la guerre.

C'est la mort douloureuse de ce même officier, devenu chef d'état-major, qui

N° 2.

Mairie de Rodemack.

Bien du temps s'est écoulé depuis le combat de Rodemack : cependant la Notice sur ce fait d'armes a été faite de mémoire et rédigée d'après les seules inspirations de son auteur. Une épreuve de cette Notice a été adressée à M. le Maire du bourg de ce nom, avec prière de communiquer ses observations sur la description topographique des lieux et sur les phases que l'action a parcourues.

nous est annoncée par la lettre suivante de M. le comte de Potier, officier supérieur et d'origine lorraine, lettre que nous prenons la liberté de reproduire ici tout entière, parce que les sentiments qu'elle exprime font autant d'honneur à celui qui en est l'auteur qu'à celui qui en est le sujet.

Tchernaia, 12 *septembre* 1855.

Mon cher Monsieur,

Je suis fâché que la première relation écrite que j'ai l'honneur d'avoir avec vous, se rattache à un malheur commun.

J'ai perdu l'un de mes meilleurs amis et parents, et vous, le plus cher de vos alliés.

Léopold est mort le 10 septembre, à 11 heures du matin, de la blessure qu'il a reçue le 8, à l'attaque des redans de droite. Je l'ai vu, quand au milieu de l'action on le transportait, et que j'allais moi-même avec mon régiment attaquer Malakoff. Le 9, dans la journée, en descendant de Malakoff, où j'avais passé le 8 et la nuit, j'ai été le voir à l'ambulance. Il était calme, mais avait, je crois, la conscience de son état désespéré. Une balle l'avait frappé au bas ventre et était ressortie par derrière. La blessure était mortelle.

Hier 11, je l'ai conduit moi-même à sa dernière demeure. Je lui ai fait faire un cercueil, j'ai fait dire une messe et un service, et je suis parti avec un de ses capitaines le conduire au cimetière du grand quartier-général, où j'ai fait creuser une fosse pour lui seul, à côté du colonel Cassaigne, également tué dans la journée du 8. J'ai fait mettre une croix sur sa tombe, et en ce moment je lui fais confectionner une pierre.

De Laville a été enterré comme un homme mort en France, et non comme nous le sommes ici.

Voici la réponse de ce fonctionnaire.

Rodemack, le 6 juillet 1858.

MONSIEUR LE COMMANDANT,

Je m'empresse de vous transmettre les renseignements que j'ai pu recueillir sur le combat de Rodemack, pendant les Cent-Jours, et sur le siége qui l'a suivi. Ces renseignements ont été fournis par des personnes qui, presque toutes, ont pris part à l'action ou étaient employées au fort, soit comme infirmiers, soit comme bouchers ou comme domestiques. Ces hommes étant encore dans la force de l'âge et les faits racontés par eux étant identiquement les mêmes, on peut donc, sans hésiter, en croire la véracité et les déclarer authentiques.

La Notice que vous m'avez fait l'honneur de me transmettre a été lue, avec la plus grande satisfaction, par les notabilités de ce bourg, et par six de vos anciens compagnons d'armes, médaillés de Sainte-Hélène, qui étaient réunis hier pour recevoir de mes mains cette marque de distinction.

Je prends la liberté de vous offrir, au nom de cette localité, l'hommage de nos sentiments de profonde et sincère reconnaissance pour votre intéressant travail, qui montre de quels sentiments patriotiques vous êtes animé et quels bons souvenirs vous avez gardés de Rodemack qui, sans vous, serait tombé dans l'oubli et n'aurait conservé de ses anciennes gloires que les hauts murs qui ont abrité tant de braves.

M. Emeringer, votre hôte, adjoint de Rodemack à l'époque des Cent-Jours, est décédé depuis assez long-temps; mais son fils, qui avait alors quinze ans, est encore à Rodemack, dont il est l'un des plus honorables habitants; il m'a dit vous avoir très bien connu, et m'a prié de le rappeler à votre bon souvenir.

La description que vous avez faite du fort et du bourg de Rodemack est d'une étonnante exactitude. Je vous transmets le plan des lieux, tels qu'ils existaient en 1815.

Les assiégeants comptaient six à sept mille hommes de troupes prussiennes, qui étaient sortis de Luxembourg sur la description du peu de défense du fort qui leur avait été faite par un habitant d'Aspelt (aujourd'hui grand-duché de Luxembourg). Ce traître, personnage distingué de son village, insinua aux chefs de la garnison de Luxembourg qu'en prenant le fort de Rodemack ils feraient un riche butin, tant en vivres qu'en munitions, ce qui était très juste, car la place était très bien approvisionnée. C'est ce qui explique parfaitement le nombre considérable de chariots que l'armée ennemie traînait à sa suite.

Pauvres prussiens ! Ils furent cruellement trompés dans leurs espérances, car au lieu d'être chargés des dépouilles du fort de Rodemack, ils n'eurent pour tout trophée à présenter aux Luxembourgeois que les débris de leur armée et des voitures remplies de blessés et de morts. CES DERNIERS ÉTAIENT AU NOMBRE DE 350 A 400. Tous ont été enlevés par l'ennemi, à l'exception de six ou sept qui sont restés au pied des remparts. Le nombre des blessés nous est inconnu, mais il était très considérable (1).

A l'attaque du 24 juin, une batterie avait été établie par l'ennemi près du bois de Puttelange, à environ 2 kilomètres au nord du fort ; mais au bout de quelques instants, un de vos artilleurs du nom de Pettinger, natif d'Alzing, grand-duché de Luxembourg, l'eut démontée, et le corps prussien qui occupait ce point se rapprocha de Rodemack. Pendant le court trajet à faire pour atteindre la porte de Sierck, au levant du fort, la pièce qui avait déjà fait merveille en démontant leur batterie, leur devint plus fatale encore ; en vomissant de la mitraille dans leurs rangs, elle y porta l'épouvante et la mort, et les éclaircit considérablement. De là, en partie, le grand nombre de morts dont j'ai parlé plus haut.

(1) Le nombre des hommes mis hors de combat doit être beaucoup plus considérable, comme on le sait par le témoignage de M. Nilès, maire de Rodemack, et comme on va le voir dans l'extrait suivant.

Extrait d'une lettre en date du 15 septembre 1858, de M. Scheffer, d'Audun-le-Liche (MOSELLE), secrétaire de M. le comte de Varda, gouverneur du fort de Rodemack à l'époque des Cent-Jours, l'un des combattants.

« En 1815, n'ayant pas encore atteint ma vingtième année, je m'enrolai volontai-

Après votre départ, la garnison fut remplacée par d'autres gardes nationaux, et les ennemis revinrent bientôt au nombre de dix mille hommes environ. Mais cette fois, les issues de la ville étaient fermées par des portes neuves et solides : ils ne purent introduire un corps d'infanterie et s'emparer du drapeau qui flottait sur l'église, comme ils avaient fait le 24 juin : ils dûrent se résigner à en faire le siége (15 juillet), et voulurent, par la famine, forcer le fort et la ville à se rendre. Au bout du septième jour, un parlementaire se présenta à la porte de Thionville, fut conduit d'abord chez M. Emeringer, votre hôte, qui remplissait alors les fonctions de maire. A sa demande de reddition de la ville, le gouverneur du fort, M. le colonel de Varda, se contenta de lui répondre par ces seules paroles : « Voyez, Monsieur, les prussiens ne nous ont pas encore fait grand mal, et à moi particulièrement, car je n'ai pas une égratignure. »

DEUX JOURS APRÈS, LE SIÉGE ÉTAIT LEVÉ SANS COMBAT.

Le Maire de Rodemack,

NILÉS.

» rement dans le 5me bataillon de la Moselle. Nommé sergent lors de l'organisation, » M. le comte de Varda me choisit bientôt pour remplir près de lui les fonctions de » secrétaire.

« Le lendemain du combat, alors que vous étiez à Thionville pour réclamer du » renfort, je dûs me rendre, par ordre du gouverneur, accompagné de deux autres » sergents également désignés par lui, dans le village d'Hésing, situé dans la direction » de Luxembourg, où le corps d'armée prussien, en se retirant, avait stationné la » veille. Arrivés dans ce village, nous apprîmes que les moyens de transport de l'en- » nemi, bien que très-considérables, avaient été insuffisants pour enlever tous les hom- » mes hors de combat, et que vingt voitures avaient été mises en réquisition pour sup- » pléer à ces besoins. Nous apprîmes de plus que le convoi, avant d'arriver à Luxem- » bourg, avait été forcé de faire diverses haltes pour enterrer ceux qui avait succombé » pendant le trajet.

» Il est donc bien évident que les rapports de M. le général Hugo ont été faits au » hazard et que, bien certainement, les pertes du corps d'armée prussien n'y figurent » que pour un sixième, tout au plus. »

N° 3.

Extrait de la Statistique historique du département de la Moselle.

On a déjà vu que les traités internationaux prescrivaient la démolition du fort de Rodemack.

Il a été impossible de se procurer au Ministère des affaires étrangères un extrait de ces traités : leur absence aurait laissé sans justification un des points les plus importants de cette Notice ; mais heureusement, la Statistique historique du département de la Moselle, dans sa partie supplémentaire de 1852, vient combler cette lacune.

On lit dans cet ouvrage :

Le 25 avril 1707, Joseph, comte de Custines, acquérait la seigneurie de Rodemack. Cédée à la France par le traité de Nimègue en 1678, RODEMACK A ÉTÉ DÉMANTELÉ EN 1815, PAR SUITE DU TRAITÉ DE PARIS.

. . . .

. . . .

Les prussiens, le 24 juin 1815, avaient subi un grave échec sous les murs de cette petite forteresse, défendue par quelques douaniers et des gardes nationaux. Il ne reste plus que des pans de murailles qui dominent la gorge dans laquelle est bâti le bourg de Rodemack, et une porte, ancien souvenir de la splendeur de ce bourg.

Lorsque les commissaires étrangers se présentèrent devant le chétif fortin de Rodemack, pour en opérer la destruction, après avoir comparé cette bicoque avec la place imposante de Huningue, on assure qu'ils se crurent le jouet d'une illusion, d'un véritable mirage. Mais enfin, lorsqu'ils eurent constaté l'identité des lieux, il fallut bien passer outre à l'exécution du mandat gouvernemental qu'ils avaient reçu.

N° 4.

Préfecture du département de la Moselle.

EXTRAIT DU DICTIONNAIRE HISTORIQUE DE M. DE VIVILLE, SECRÉTAIRE GÉNÉRAL DE CETTE PRÉFECTURE (1817).

En 1792, le lieutenant-colonel Laharpe commandait le château de Rodemack, lors de l'invasion des prussiens en Champagne. Laharpe sommé de se rendre, assembla sa garnison et ne lui dissimula point les dangers qu'elle courait. « Mais, lui dit-il, si la résistance devient » impossible, c'est en faisant sauter une partie du fort que nous nous » ferons jour le sabre à la main, à travers l'ennemi. Si cette ressource » nous est refusée, pour ne point être pris vivants et les armes à la » main, laissons entrer l'ennemi et faisons que les débris du fort » deviennent notre commun tombeau. » Le maréchal Luckner secourut cependant Rodemack à temps, et en protégea l'évacuation sur Thionville.

Le 24 juin 1815, un corps d'armée prussien se présenta devant ce château avec de l'artillerie, pensant l'emporter de vive force, parce qu'il n'était défendu que par 350 gardes nationaux d'élite ; la garnison se défendit avec le plus grand courage et avec succès ; les assaillants se retirèrent avec une perte de 285 hommes. CETTE BELLE ACTION RETARDA L'INVESTISSEMENT DE THIONVILLE, ET EMPÊCHA, PEUT-ÊTRE, QUE CETTE VILLE N'ÉPROUVAT LE SORT DE LONGWY (1).

TROISIÈME PARTIE

Détails historiques.

Comme on l'a dit, des troupes ennemies avaient été chargées, pendant l'action du 24 juin 1815, de surveiller les habitants du bourg de Rodemack, d'annoncer que les assaillants se représenteraient bientôt et que la garnison n'étant pas composée de troupes régulières, serait passée par les armes.

En apprenant le sort qui les menaçait, les défenseurs de la place, la plupart pères de famille, partagèrent, il faut bien l'avouer, l'émotion qui affectait si péniblement la population du bourg. Aussi, à l'appel du soir, grande agitation et nécessité des plus vives observations du commandant. De toutes parts on réclamait du renfort, on soutenait qu'avec si peu de monde la résistance était impossible.

Dans cet état de choses, il fallut bien transiger et faire savoir que M. Bonneaventure, jeune officier de la Moselle, qui s'était

(1) On sait que la place de Longwy, à la fin des Cent-Jours, a été bombardée et en quelque sorte démolie par un corps d'armée prussien sorti de Luxembourg.

distingué quelques jours auparavant à la tête d'une patrouille de reconnaissance, allait être envoyé à Thionville pour réclamer une augmentation de garnison. Nouveau tumulte : l'intervention de l'officier est bruyamment refusée, et tous déclarent que le commandant d'armes du fort peut seul accomplir une pareille mission. Il fallut céder encore. Mais comment arriver à Thionville? L'ennemi venait bien de quitter le terrain et de disparaître. Quelle direction avait-il prise? On croyait généralement qu'il s'était dirigé sur cette place. La journée avait été inutilement employée à la recherche d'un habitant du pays qui aurait pu remettre au général les dépêches annonçant le résultat du combat. Tous craignaient, tout au moins, d'être faits prisonniers. Aucun militaire de la garnison, d'ailleurs, ne connaissait assez la forêt profonde qui sépare les deux places. Grande était donc la difficulté. Elle fut levée dans la nuit par M. Emeringer, qui s'offrit courageusement pour servir de guide.

Le lendemain, avant l'aurore, l'adjoint de Rodemack et le commandant d'armes de ce poste entrent dans la forêt, suivent avec circonspection des sentiers sinueux, et, chaque fois qu'il s'agit de franchir une voie transversale, avant de passer outre, le cou et l'oreille tendus, ils examinent à droite, à gauche, pour s'assurer que l'ennemi n'est pas là. Enfin, après cinq à six heures de marche, ils arrivent en face des fortifications de Thionville, où ils trouvent, à leur grande satisfaction, au lieu d'ennemis, des uniformes français et les figures sympathiques des habitants de la ville. Les voilà dans la place et bientôt après au quartier-général.

Mis à l'instant en présence du général, celui-ci s'étonne de voir devant lui l'officier sur lequel il avait fait peser une si grande responsabilité et dit avec le ton de commandement dont il savait si bien faire usage : « Mes émissaires m'ont assuré, hier et aujourd'hui, que la garnison de Rodemack avait bravement repoussé les prussiens! En serait-il autrement? ou bien, depuis, aurait-elle été victime de quelque ruse de guerre, et vous seriez-vous échappé des mains de l'ennemi? » Quelques explications suffirent pour éclaircir tous les doutes, et narration fut promptement faite des phases qui s'étaient produites pendant l'action. Le général apprit que la garnison avait eu affaire à un corps de troupes très considérable; qu'elle avait su, avec ses faibles moyens, et malgré l'absence du secours annoncé par la lettre du 23, mettre hors de combat un grand nombre de prussiens; mais qu'on manquait de données précises pour fixer le chiffre des assaillants et celui des pertes qu'ils avaient réellement essuyées; que l'ennemi avait pris possession du bourg; qu'il avait proféré les menaces les plus violentes, et que ces menaces avaient produit le plus déplorable effet sur l'esprit de la troupe; enfin il apprit qu'à défaut d'un prompt secours la place de Rodemack ne pouvait certainement plus tenir long-temps.

Appréciant ce qu'une pareille position avait de critique, et reconnaissant qu'il n'y avait point de réplique sérieuse à opposer, le général avoua franchement que la violence du feu lui avait inspiré les craintes les plus vives sur le sort de la garnison de Rodemack, et que, s'il n'était point allé la défendre, la cause devait en être attribuée uniquement à la présence d'un corps d'armée bavarois de 40 à 50,000 hommes, qui s'était avancé à marche forcée, et dont les avant-postes se trouvaient à quelques lieues seulement de la ville. Il ajouta qu'il ne pouvait, dans une pareille situation, augmenter, au-delà d'une compagnie, l'effectif de la garnison du fort de Rodemack.

Après avoir rappelé à M. Emeringer tous les services qu'il avait rendus jusqu'alors, le général nous retint à déjeûner. A peine à table, un grand bruit se fait entendre dans les antichambres, un officier de place vient annoncer la présence d'un parlementaire.

Celui-ci, immédiatement introduit et placé à la droite du général, prend part tout militairement au déjeûner. Interpellé sur l'objet de sa mission, il déclare, en très bon français, qu'il vient au nom du maréchal, prince de Wrède, sommer le gouverneur de la place de Thionville d'avoir à en ouvrir les portes dans les vingt-quatre heures; que ce délai est suffisant pour évacuer la forteresse, et que si l'on n'obtempère immédiatement à la sommation du maréchal, le bombardement de la place commencera le lendemain et continuera aussi longtemps qu'il restera une pierre sur une autre pierre. — Sur ces paroles, le général, visiblement ému, mais sans rien perdre de sa dignité ordinaire, se lève avec vivacité, et se dirige vers son appartement : après douze à quinze minutes, il reparaît en grande tenue, le chapeau sur la tête, et reprend sa place à table. A peine assis, il apostrophe d'un ton bref et dans ces termes le parlementaire bavarois : Colonel, me serais-je trompé? Serais-je tombé dans une illusion assez grande pour croire que vous avez osé demander la reddition de la place de Thionville, avec menace de n'y pas laisser une pierre sur une autre pierre? — Vous ne vous êtes nullement trompé, général, reprit le parlementaire, et je confirme en tout point le langage de mon maréchal, le prince de Wrède. Après un instant de silence, le général debout, et toujours le chapeau sur la tête, dit : Il a donc oublié, votre maréchal, comment nous l'avons traité à Hanau : (1) il a donc également oublié que Hugo a écrit sur la défense des places et que, proposer de rendre celle-ci avant que les boulets aient entièrement démoli nos remparts, c'est lui adresser l'injure la plus sanglante : dites bien cela au prince

(1) Napoléon, en voyant les dispositions prises par le prince de Wrède à la bataille de Hanau, dit avec ironie : « Pauvre de Wrède, j'ai pu le faire comte, mais je n'ai pu le faire général. » (*Histoire du Consulat et de l'Empire, tome* 16, *page* 648.)

de Wrède. Puis le général ajouta : Suivez-moi, Messieurs !.... Les officiers de place, restés dans la première anti-chambre, se présentaient pour bander de nouveau les yeux du parlementaire. Non, non, dit le général, je veux que le Colonel reconnaisse, de ses propres yeux, l'état dans lequel se trouve la place.

Arrivé dans la rue, le cortége peut à peine trouver passage à travers la foule attendant la sortie du parlementaire qui, quelques instants auparavant, avait traversé toute la ville et le fort. Cette foule se composait, on peut le dire, de la population et de la garnison tout entières. Parvenus à l'extrémité du fort, vers la porte d'Allemagne, un bataillon de gardes-nationales est posté contre le rempart. Cette porte est à l'instant ouverte et son pont-levis abaissé. Le bataillon se met en mouvement et se dirige, tambour battant, vers le village de Haute-Yütz localité située dans le rayon de défense de la forteresse. Cette expédition militaire avait pour objet d'incendier, de raser ce village et d'empêcher l'établissement de batteries d'attaque derrière ses murailles. Le feu est mis dans la charpente et la couverture en chaume de chaque maison, ainsi que dans toutes les matières combustibles environnantes; tout est bientôt en flammes.

Pendant que ces mesures s'exécutaient, le général avait dirigé la conversation sur un tout autre sujet, et, lorsque le moment fut venu, rompant brusquement l'entretien, il dit du ton le plus solennel : vous voyez, Colonel, les mesures que je prends pour aider à notre défense; rendez compte à votre maréchal de tout ce qui se passe ici, et surtout, rappelez-lui que c'est **Hugo** qui commande à Thionville. Sur quoi, on se met en mouvement, on sort de la place, et le parlementaire, ainsi que la nombreuse escorte qui l'avait attendu, tourne le dos à la forteresse, au grand trot des chevaux.

L'ennemi ne parut pas devant Thionville. Quelques jours après, il avait franchi la Moselle, à trois lieues au-dessus de cette place, et s'avançait dans l'intérieur de la France. . . . .

Il est près de huit heures du soir, le cortége descend du fort et s'arrête devant le front de la compagnie de renfort promise le matin, et dont l'envoi à Rodemack est annoncé le même jour, 25 juin, au général Belliard, gouverneur de Metz, ainsi qu'il est dit aux pièces justificatives n° 1.

D'après ce qui s'est passé dans la journée, tout impressionné encore par les scènes dramatiques dont il vient d'être témoin, le négociateur met de nouveau en avant les motifs pour lesquels un plus grand nombre d'hommes lui est absolument nécessaire, surtout pour faire face aux éventualités que le blocus de Thionville va évidemment produire. Le général, après avoir retourné ce dernier argument, ajoute qu'il a besoin de tout son monde pour se défendre contre les bavarois, que rien ne sera changé, qu'il faut faire pour le mieux avec ce que l'on possède, et que les militaires doivent toujours se résigner aux chances de la guerre. . . . .

Force fut donc de se *résigner*. . . . . Nous partons, accompagnés d'un grand nombre d'officiers de la garnison de Thionville, exprimant le désir bien naturel de connaître les détails de l'affaire du 24. Ces détails donnés, on se sépare, et nous arrivons bientôt à la forêt dans laquelle il faut reprendre les sentiers suivis le matin, notre bon M. Emeringer en tête d'une colonne présentant cette physionomie curieuse, que son front se composait d'un seul homme. La lueur de l'incendie de Haute-Yütz nous éclaire d'abord, mais elle ne produit plus bientôt à nos yeux étonnés, que l'effet d'une aurore boréale. Pour compléter les péripéties de la journée du 25 juin 1815, il convient d'en ajouter une qui, bien que peu digne d'être rapportée, mérite cependant de trouver place à cause de son côté plaisant.

La nuit paraissait d'autant plus profonde que nous piétinions sous la sombre épaisseur d'arbres séculaires, et que notre guide ne pouvant consulter ni la tramontane, ni aucune autre étoile, déclara tout simplement qu'il ne savait où il fallait se diriger. Il y eut donc un temps d'arrêt, et la halte forcée qui en fut la suite donna lieu à beaucoup de suppositions, dont l'une obtint plus de crédit que les autres, c'est que l'ennemi barrait le passage. Mais la cause réelle de cette inaction ayant été communiquée de bouche en bouche jusqu'à la fin de la colonne, les bruyants éclats de rire succédèrent à l'anxiété. M. Emeringer passa un temps assez considérable à s'orienter. Enfin, on se remit en marche, et l'on arriva au fort de Rodemack vers trois heures du matin.

Le renfort si impatiemment attendu fut loin d'être considéré comme suffisant, et ne calma que très peu les esprits. On sait que la forteresse de Thionville, à cette époque, ne fut ni investie, ni bloquée; que la garnison de Rodemack fut bientôt rappelée et comment elle fut reçue par les habitants et par la garnison de cette ville.

Ici donc se termine la notice sur le combat de Rodemack. Mais avant de passer à un autre objet il convient de résumer les faits qu'elle contient.

En analysant ce qui est énoncé dans les pièces justificatives, et en réfléchissant sur les contradictions qu'elles présentent, soit sur le nombre des assaillants, soit sur celui de leurs blessés et de leurs morts, on est forcé de reconnaître que la version de

MM. Nilès, maire de Rodemack, et Scheffer, secrétaire du Gouverneur, est incontestablement la seule vraie. En effet, les souvenirs des habitants de cette localité, leurs relations avec le pays étranger, notamment avec la ville de Luxembourg, dont ils sont si peu éloignés; en un mot, toutes les circonstances relatées par ces fonctionnaires ont eu à cette époque une notoriété telle qu'aujourd'hui elle est convertie en légende populaire.

« Trois mille assaillants et cinquante morts ou blessés! » dit d'abord le général Hugo, chiffres à la vérité un peu modifiés par son second rapport.... — Mais la plaine située sur le front de la place présente une surface très-considérable, et elle était couverte d'artillerie et d'infanterie, sans parler des troupes qui envahirent le bourg par le côté opposé ! ....
— Mais le combat a eu lieu sous un beau soleil du mois de juin, par le temps le plus calme, et depuis le fort, qui dominait l'arène, la garnison tout entière a pu voir enlever un nombre d'hommes, morts ou blessés, bien plus considérable que celui qui est indiqué dans les rapports officiels.

D'ailleurs, on a vu que le général Hugo, le 24 et même le 25 juin, n'était pas encore pourvu de renseignements assez certains pour faire des rapports exacts sur le fait d'armes qui venait d'avoir lieu; on a vu aussi de quelle nature étaient alors ses préoccupations, et qu'en donnant avis de l'évènement au Ministre de la guerre, il n'a pu agir que d'après les bruits vagues qui lui étaient parvenus. Mais, en attendant, le lecteur judicieux a déjà reconnu que tout ce qui est relatif à l'attaque du 24 n'a pu être officiellement éclairci, et que, s'il existe une lacune dans nos fastes militaires, sur ce point d'une importance remarquable, la cause doit en être uniquement attribuée aux grands désastres qui ont accablé la France à l'époque néfaste de 1815.

En jetant les yeux sur les pièces justificatives, n°s 2, 3 et 4, on verra :

Que l'ennemi, en se présentant une seconde fois devant la place de Rodemack, en juillet 1815, se retira sans combat ;

Que c'est à la défense énergique des gardes nationales des départements de la Meurthe et de la Moselle, le 24 juin 1815, qu'il faut exclusivement attribuer la mesure diplomatique qui a ordonné le démantellement du fort de Rodemack ;

Que cette même défense a exercé la plus grande influence pour empêcher l'investissement et le bombardement dont la forteresse de Thionville était menacée vers la fin des Cent-Jours ;

Enfin, que le fait d'armes de Rodemack a tellement frappé l'attention de l'autorité supérieure, qu'elle a cru devoir appeler les bontés du roi sur LES MILITAIRES FRANÇAIS QUI EN SORTIRENT VAINQUEURS.

En présence de semblables faits et d'une importance politique aussi surprenante, on a cru devoir accomplir un acte de justice bien mérité, en rendant un hommage public à la mémoire de compagnons d'armes qui ne sont plus, et en offrant, au nom de la société, sans craindre d'être démenti, un témoignage de satisfaction et de reconnaissance nationales à ceux qui, malheureusement en trop petit nombre, comptent encore parmi les vivants.

QUATRIÈME PARTIE.

Esprit public de la Lorraine à l'époque des Cent-Jours.

Quand on apprit l'incroyable rentrée de l'EMPEREUR dans Paris, l'esprit public, en Lorraine, s'éleva avec la rapidité de l'éclair, à un degré de patriotisme tel, que les Commissions organisatrices de la garde nationale active, se virent contraintes de laisser pénétrer dans les rangs, des hommes exclus par les décrets, presque des enfants et des vieillards. Tous comprenaient que cette nouvelle milice était la seule sur laquelle le gouvernement pouvait alors compter, tous sentaient la nécessité de la grossir et de se liguer avec les nobles débris de nos vieilles armées, pour enfin triompher de l'Europe levée contre la France.

Les femmes elles-mêmes prirent part à l'enthousiasme général : un grand nombre suivirent leurs maris et entrèrent avec eux en campagne; il y en eut qui, portant jusqu'aux dernières limites le patriotisme militaire, voulurent aussi bien qu'eux, et à côté d'eux, figurer sous l'uniforme dans les rangs des gardes nationaux mobilisés, et elles s'y livrèrent avec le plus grand courage et le plus étonnant succès au maniement des armes, aux fatigues et aux périls de la guerre : de ce nombre fut madame Pellet, femme de cet avocat d'Épinal qu'on a surnommé le barde des Vosges : cette dame, d'ailleurs remarquable par son éducation, son esprit, par la distinction et l'aménité de ses manières, soldat *d'un nouveau genre*, remplit les fonctions de fourrier près de son mari, capitaine de garde nationale à Thionville.

Gloire à elle et à ses héroïques compagnes ! (1)

CINQUIÈME PARTIE.

Détails sur la mort du prince de Wagram.

Le rédacteur de la présente notice croit devoir communiquer à ses lecteurs quelques détails sur la mort du prince de Wagram, bien qu'il n'ait à invoquer, pour justifier son récit et le rattacher à ce qui précède, que cette seule considération, c'est que ces détails lui ont été donnés par un maréchal russe au moment où le commandant d'armes de Rodemack quittait la place de Thionville. Il a pensé d'ailleurs que son nouveau récit donnant un aperçu inconnu jusqu'alors sur la fin tragique de l'illustre victime, ne pourrait manquer d'être accueilli avec intérêt.

Arrivé sans encombre près de Pont-à-Mousson, il fut conduit par un officier de cosaques à l'état-major, et mis en présence d'un général dont il reçut très-bon accueil ; il apprit de ce général que celui-ci était un français que la révolution avait forcé de s'expatrier ; qu'il avait pris du service en Russie, enfin qu'il

(1) *Extrait d'une lettre adressée au rapporteur de la Notice sur Rodemack, le 26 janvier 1859.*

. . . .

« J'ai eu le tort d'avoir oublié la compagne de Pellet ; mais depuis » que je vous ai lu, je me souviens qu'elle avait été une femme in- » comparable. Qui n'a parlé de cette fière héroïne, qui, aux premiers » cris de la guerre, a voulu faire de sa propre personne un rempart à » la patrie !

» Quant à Pellet, grand avocat, poëte de mérite et excellent soldat, » son nom demeurera toujours gravé sur le front des montagnes » Vosgiennes. »

était le maréchal prince de Langeron. Toujours de la manière la plus courtoise, ce personnage lui demanda s'il sortait de Metz ou de Thionville, et pourquoi il voyageait ainsi isolément. L'interlocuteur prenant à son tour la parole, fit connaître qu'il avait été garde du corps du roi de France et qu'il était attaché à l'état-major de la compagnie commandée par le prince de Wagram, avant le licenciement de la maison militaire du Roi qui avait eu lieu à Armentières, ce Rubicon de l'époque.

Le maréchal ayant entendu prononcer le nom de Wagram, se mit alors à rappeler les talents militaires, la position près du roi de France et la mort récente du prince Berthier, et termina son récit par ces paroles saisissantes :

» Voilà comment doit s'attendre à finir tout homme qui se
» place dans une situation semblable à celle que le prince de Wa-
» gram s'est volontairement faite.

Le colloque relevé, et le maréchal n'ayant rien voulu ajouter, pensant peut-être qu'il en avait déjà trop dit, l'entretien se termina par une invitation à déjeûner.

Quel changement, et quelle position! Un officier de garde nationale se trouve à table à la droite d'un maréchal russe, au milieu d'un état-major nombreux dont les officiers de tous les grades parlent la langue française!

Après avoir pris congé, vers quatre heures, à la suite d'un second entretien particulier, pendant lequel le maréchal avait parlé avec affection de la France, de Napoléon, auquel il rendit la justice la plus impartiale, le rapporteur de ces détails se trouva enfin livré à lui-même. Les paroles solennelles du prince de Langeron, toujours restées présentes à sa mémoire, le frappaient d'autant plus vivement que, la veille même, le général Hugo lui avait appris qu'un journal étranger venait d'annoncer la mort du prince de Wagram.

Ce journal disait que le prince, se trouvant sur le grand balcon du palais de Bamberg, avait éprouvé la plus agréable émotion en voyant passer une colonne de troupes étrangères se rendant, pour la seconde fois, en France; que la belle tenue de ces troupes, leur allure martiale, lui avaient causé une joie si grande qu'il en avait perdu la tête; qu'alors le buste entraînant le reste du corps, il était tombé sur le pavé, où il avait à l'instant rendu le dernier soupir.

Les journaux français, à la même époque, annonçaient que le prince de Wagram était en effet mort sur le balcon du palais de Bamberg, mais qu'il y avait succombé sous le coup d'une attaque d'apoplexie foudroyante.

La biographie Michaud dit aussi qu'il est mort sur le même balcon; mais elle insinue l'idée que ce n'est ni à l'apoplexie, ni à la chûte racontée par le journal étranger qu'il faut attribuer la fin violente de cet homme célèbre.

En arrivant à Paris, mon premier soin fut de me rendre près de M. le baron de Raveuel, commissaire des guerres attaché à la compagnie Wagram et, de plus, chargé de la direction des affaires de famille du Prince. Après avoir entendu les détails qui précèdent, le baron s'écria : Ah! quel trait de lumière vous nous apportez !.....

Abstenons-nous de toute réflexion..... C'est à l'histoire qu'il appartient de faire connaître la dernière période de la vie du héros qui a emporté avec lui tous les regrets de la nation.

CHATEAU DE MOUTROT, PRÈS DE TOUL (Meurthe), LE 24 JUIN 1863.

www.ingramcontent.com/pod-product-compliance
Lightning Source LLC
LaVergne TN
LVHW020306230826
846091LV00006B/2561
9782013079907